RAINBOW | 113

바다에 또 왔습니다

박하영 시집

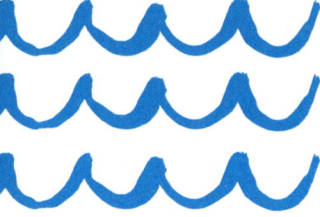

초판 발행 2024년 5월 20일
지은이 박하영
펴낸이 안창현 **펴낸곳** 코드미디어
북 디자인 Micky Ahn
교정 교열 민혜정
등록 2001년 3월 7일
등록번호 제 25100-2001-5호
주소 서울시 은평구 갈현로 318-1 1층
전화 02-6326-1402 **팩스** 02-388-1302
전자우편 codmedia@codmedia.com

ISBN 979-11-93355-15-2 03810

정가 12,000원

이 책의 판권은 지은이와 코드미디어에 있습니다.
잘못 만들어진 책은 교환해드립니다.

바다에 또 왔습니다 | 박하영 시집

박하영 　　　　　　　　　**詩人의 말**

겨우내 기다리던 꽃들이 한꺼번에 후다닥 피어나더니
이젠 덧없이 지고 마네요.
삼사월은 꽃 보러 다니느라 정신을 팔았답니다.
꽃들을 보는 순간은 세상 반갑고 귀해 보이더니
지는 모습은 얼마나 허무하고 초라해 보이는지요.
마음 아프지만 지는 꽃들을 고이 보내주었답니다.
이제 마음을 가다듬고 시를 써보려 하니
여기 저기서 꽃잎들이 휘날리며 좋은 시 써 달라
아우성이네요.
향기로운 꽃들이 잠시 잠깐이더니
우리의 인생도 언제 끝날지 모르는 운명에 처해 있지요.
우린 덧없이 갈지라도 시인들이 써 놓은 시만큼은
오래오래 남을 거란 생각에 또 시집을 내는 거겠지요.

하잘것없는 시일지라도 누군가 읽어서
마음의 위안이 되고 공감을 줄 수 있다면
더 바랄 것이 없겠습니다.
곧 오월의 신록들이 우거지겠지요.
계절은 변함없이 새로운 내일을 선물합니다.
제가 새롭게 내놓은 시집도 여러분께 드리는
제 마음의 귀한 선물입니다.

2024년 늦은 봄
박하영

차례　　　　　　　　　　시인의 말 · 4

1부　　바람의 존재

하얀 길로 오소서　_14

시의 밭　_15

4월 어느 날　_16

남도의 꽃 소식　_17

진달래　_18

장미가 피어나는 계절　_19

사랑하게 하소서　_20

마음을 비우고 싶을 때　_21

인연　_22

가을 여인　_23

미학의 극치 부석사　_24

바람에게 부탁한다　_25

바람의 언덕　_26

복숭아 사랑　_28

바람의 존재　_30

2부 비의 두들김

비의 두들김 _34

틈새를 늘리자 _35

추억을 꺼내보다 _36

가늠할 수 없는 시간 _37

거기 누구 없소 _38

그리움의 색깔 _39

길을 나서면 _40

떠나는 저 배 _42

머리 허연 사람 _44

마음 다잡기 _45

낙엽의 뒤척임 _46

네가 없었더라면 _47

들국화 무리 _48

늦은 새 출발 _49

빨래 널기 _50

차례

3부   흔적 지우기

운주사 법문 _54

어두워야 피어나는 것들 _55

꿈의 나라 안도라 _56

샤갈이 잠든 생 폴 드 방스 _57

흔적 지우기 _58

흐린 기억을 닦고 닦으니 _59

지난 세월의 흔적 _60

황혼의 쓸쓸함 _61

자유롭게 날고 싶다 _62

자욱한 안개 _63

연주자의 손 _64

밤마다 별을 헤어 보지만 _65

밤의 시간 _66

억새의 몸짓 _67

서우봉 해변의 바람 _68

4부   이별 준비

사랑받기 위해 태어난 사람 _72

이런 날이 좋다 _74

복덩이 두 딸 _75

네 몫 _76

숨 가쁘게 달려오는 저 소리 _77

여름의 마지막 비 _78

안경을 쓰고 내다본 세상 _79

여수 밤바다 _80

생각의 저장고 _81

물의 정원 _82

계절의 끝 _84

독도에 발을 찍다 _85

남프랑스 에즈 마을 _86

이별 준비 _87

튕기지 말 것 _88

차례

5부 돌처럼 나무처럼

바다에 또 왔습니다 _92

돌처럼 나무처럼 _93

귀뚜리 울음소리 _94

조금만 기다려 줘 _95

뜨거운 레몬차 한 잔 _96

소매물도 한 바퀴 _97

문경새재 오르며 _98

적막 길들이기 _99

가을 산 _100

차 한 잔을 마시며 _101

파도에 꿈을 싣고 _102

친구야 힘내 _104

몽돌 해수욕장 _106

꽃이 지고 말면 너도 없다는 걸
왜 그땐 몰랐을까
밤새도록 꽃비 맞으며
깊은 꿈 속에 빠져들었다

-4월 어느 날

1부

바람의 존재

하얀 길로 오소서

하얗게 포장된 눈부신 길 밟고서
하얀 드레스 끌며 사뿐히 오소서

온 세상이 하얗게 단장했듯이
하얀 옷 입고 하얀 모자 쓰고
천사처럼 하얀 눈밭으로 오소서

하얀 보료로 뒤덮인 세상
마음마저 하얗게 비워두고
기다리고 기다리던 지금

송이송이 눈송이 맞으며
사뿐사뿐 오소서
흰나비처럼 오소서

시의 밭

시를 쓰려고 하면 내가 얼마나 가난한지 알겠다
시를 쓸 재목을 찾느라 한참을 헤맨다
텅 비워버린 시의 밭은 삭막하기 그지없다
아껴두었던 어휘들 깡그리 잊어먹고
흩어진 낱말들 줍느라 바쁘다
썰물처럼 빠져나간 시어들은 언제 제자리를 찾을까
메마른 감성의 밭에 언제 단비가 내릴까
척박한 시의 밭을 일구기에 남은 세월은 빠듯하기만 하다
자투리 시간이라도 붙잡아 땀 흘려 가꿔야지
알알이 영근 시를 거두기 위해

4월 어느 날

온통 하얀 꽃비가 내리던 날
꽃을 보겠다고 진해로 단양으로
누비며 돌아다녔다
세상이 이런 날만 있었으면 좋겠다고
깔깔깔 웃기도 하면서
분분히 흩날리는 꽃비에 취했다
집에 돌아온 날 밤 피곤한 눈을 감으니
꽃비는 아직도 무수히 휘날리며
나를 꽃 속에 묻어 버렸다
꽃들은 용케도 나를 따라와
내 잠자리까지 스며들다니
난 꽃 보러 다닌 게 아니라
꽃 속에 숨어있는 너를 찾으러 다닌 걸
이제야 알겠다
꽃이 지고 말면 너도 없다는 걸
왜 그땐 몰랐을까
밤새도록 꽃비 맞으며
깊은 꿈 속에 빠져들었다

남도의 꽃 소식

남도의 섬들은
섬과 섬 사이 푸른 물결로 다리를 놓아
서로 봄을 알리고 있다

청산도에 유채꽃이 핀다고
노란 물감을 터트리면
건너 쪽 섬은 철쭉이 핀다고
붉은 물감을 터트리고
옆쪽 섬은 보리가 피어난다고
초록 물감을 터트린다

푸른 물결은 오늘도 섬과 섬 사이
굽이치는 다리를 놓으며
다투어 꽃 소식 전하느라
철썩철썩 온종일 고단하다

진달래

겨우내 꽁꽁 언 맨몸으로
휘몰아치는 삭풍
어찌 참고 기다렸니

더디 오던 봄 기다림 하나로
비바람 눈보라 이겨내고
빈 가지에 툭 터뜨린
연분홍 꽃망울

하늘하늘 수줍은 미소
청초한 그 몸짓에 스며든
그리움의 빛깔
산비탈에 수놓은
봄의 채색화

겨우내 기다린 시린 아픔 간데없고
해맑은 연분홍 미소 속에
드디어 봄날은 온다

장미가 피어나는 계절

5월의 노래가 연주되고 있다
찬란한 슬픔이 가슴을 때리는 선율
누가 5월을 계절의 여왕이라 했나
부족함 없이 채워진 5월은
곳곳마다 축제로 이어지는데
마을 골목 담벼락마다
무더기로 피어나는 붉은 장미
어이 슬픈 미소만 머금고 있는지
화사한 5월의 뜨락 햇살은 눈 부시지만
아직 잠들지 못한 영혼들 달래느라
핏빛 사연으로 멍든 오월은
시리도록 가슴 아픈 장미의 계절

사랑하게 하소서

간혹 당신이 날 쓰러뜨려 넘어지게 한다 해도
다시 일어나 사랑하게 하소서

설사 당신이 날 거짓으로 옭아매더라도
모르는 척 사랑하게 하소서

끝없이 날 시험하고 의심하더라도
끄떡없이 사랑하게 하소서

정녕 내 가진 것 하나 없이 다 드린다 해도
더 다소곳이 사랑하게 하소서

설령 내가 미워 멀리 보낸다 해도
기어이 되돌아 와 더 따뜻이 사랑하게 하소서

내 사랑 소진하는 그날까지

마음을 비우고 싶을 때

울적함이 마음을 차지하고 있을 때
그 깊은 수렁에서 헤어나고 싶을 때
가슴 밑바닥에서 밀려오는
그리움의 파장을 감당하지 못할 때
찡한 슬픔이 봇물처럼 터져 흐를 때
홀로 고적함을 달래며 무표정이 각인될 때
이 모든 것을 비우고 마음을 다스려
무념무상으로 돌아가고 싶을 때
마음을 정화시키는 차 한잔을 음미하며
나를 비우는 치유를 시작한다

인연

옷깃만 스쳐도 인연이란다
한자리 앉아 담소하는 건 더 큰 인연
한평생 함께 살고 있으면 억겁의 인연
미우나 고우나 자식 낳고 잘 살고 있으니
거부할 수 없는 찰떡같은 인연
당신과 나 꽁꽁 묶어 떼려 해도 뗄 수 없는
하늘이 천상배필로 맺어준 인연
누구보다 위해주고 보살펴주는
없어서는 안 될 주춧돌 같은 인연
그 인연 다할 때까지 온갖 비바람 물리치고
오로지 건강하게만 살고 지고

가을 여인

들길 따라 여인이 마냥 걷고 있습니다
휘익 들판을 스쳐오는 바람
가을 냄새 연신 묻어옵니다
누릇누릇 익어가는 곡식들 스스로 고개 숙이고
색색이 물들어가는 가로수의 나뭇잎들
내일이면 우수수 낙하할 운명이라고
파르르 떠는 모습 애처롭습니다
짙푸른 하늘은 덩달아 높아져 가고
길가의 코스모스 어렸을 적 친구처럼 해맑고
노랗게 터트린 국화꽃 향기 코를 스치니
정녕 가을에 젖어 버린 여인네가 거기 서 있습니다
그 여인에게서도 가을 냄새가 납니다
빈 가슴을 스치고 지나가는 바람
여인의 머리칼에도 허연 억새꽃이 휘날리고 있습니다
무심코 가을을 찾아 나섰다가
자신이 가을임을 비로소 알았습니다

미학의 극치 부석사

태백산 줄기 이어받은 봉황산 자락
신문왕의 뜻을 받아 화엄 세계 펼치려고
신라 의상 대사 산수 경관 빼어난 그곳에
부석사를 세웠으니 1문 2문 3문을 오르면서
직선에서 곡선미를 연출하고
무질서에서 질서를 찾아
자연과 하나 되는 미학의 극치
배흘림기둥 대들보 서까래의 조화가
한눈에 보이니 놀랍지 아니한가
오늘도 오르는 속세의 인파들
바라다보이는 절경에 감탄하며
사방을 둘러보고 소원을 열망하며
합장하여 고개 숙인다

바람에게 부탁한다

자꾸만 옷깃을 여미는 계절
바람은 헤프게 가슴팍을 파고든다
주마등처럼 스쳐 지나가는 지난날들
기쁨 슬픔 아픔들을 허공으로 날려 보낸다

지나고 나면 모두 아름다운 추억
거꾸로 세월이 흐른다면
지난날 이루지 못한 꿈 다시 붙들고 싶다
잃어버린 첫사랑 다시 찾고 싶다

계절을 바꾸는 바람에게 부탁한다
세월을 거꾸로 돌려달라고

바람의 언덕

바람을 찾아 나섰다
여섯 시간을 달려온 거제도 바람의 언덕

바다 멀리 파도를 몰고 오는 바람은
나의 머리카락을 휘날리고
옷자락을 나부끼며
방방 뛰는 가슴까지 흔들어 놓는다

바람은 정작 눈에 보이지 않지만
그가 닿는 곳마다 흔들고 휘날리며
자기의 존재를 과시한다

산기슭 나무들 정신없이 흔들리고
해변가 풀들 눕듯이 쓰러지고
구경 온 사람마저 날려버릴 듯하다

바람의 언덕에 서니
모든 게 바람으로부터 시작되고
바람으로 끝날 거란 예감

이제 알겠다
가슴속에 일렁이는 흔들림의 존재가
바람의 언덕에 오니
미친 듯이 소용돌이치고 있음을

멍하니 바람을 맞고 서 있는 저 여인
금방이라도 바람에 휩쓸려갈 듯
머리카락, 옷자락만 세차게 휘날리고 있다

복숭아 사랑

7, 8월 뜨겁던 태양
고스란히 가슴에 품고
발그레 뺨을 붉혔습니다

비바람 천둥 치던 날
참고 견뎌온 그 아픔 이기고
비로소 풍만해진 속살
향기로운 꿀로 가득 채우고
달콤한 유혹의 눈길을 보냅니다

지난날의 고통 이기지 못했다면
볼품없이 뭉그러지고 말았을 것을
오늘을 위해 참아 온 그 정성 갸륵합니다

달콤히 풍겨나는 완숙한 육질
그 성숙한 향기에 매료되어
사람들은 마법에 걸린 듯 침을 삼킵니다

이 사랑 시들기 전 나를 받아주오

잠시라도 이 생명 다하기 전

달콤한 내 사랑은

온통 그대의 몫

바람의 존재

언제부터 시작된 바람인지 모른다
어디로부터 왔는지
어떤 색깔에 어떤 모습인지도 모른다
단지 네가 흔들고 지나가는 나뭇가지를 보고
네가 쓸어 올리는 머리카락을 보고
너의 존재를 느끼고
너의 손길을 감지할 뿐이다
간혹 부러진 나뭇가지나 꽃대를 보고
너의 성깔을 짐작해본다
뺨을 어루만져 주듯 부드럽던 네 손길이
화가 날 땐 지붕까지 날려 버리고 큰 나무를 쓰러뜨리니
무서운 너의 위력과 횡포에 어찌할 수 없이
당하고 마는 나약한 사람들
보이지 않는다고 무시할 수 없는
너의 위력 앞에 손 모아 기구한다
아무리 세상 사람들 자연을 해치며 우를 범하고 있지만
태풍과 쓰나미 같은 횡포만은 제발 잠재워 달라고

사람들은 두레박으로
우주를 퍼 올리고
샘물 속에 빠져있는
파란 세월을 건져 올린다

- 가늠할 수 없는 시간

2부
비의 두들김

비의 두들김

비오는 날 강가에 내가 서 있다
빗줄기는 난타하듯
강심을 무수히 두들기고
강가의 풀들은 쓰러져 흐느껴 운다
나무토막 같은 내 가슴도
여리게 무너져 내린다
심장까지 타고 내리는 빗줄기
비가 강물에 거침없이 투신하듯
내 영혼도 강물에 빠져들고 있다
세상은 온통 부옇게 흐려졌지만
신명나게 두들기는 저 빗줄기의 리듬
물보라를 일으키며 춤을 춘다
강가의 풀들 일어나 하하 웃는다
강가에 서 있는 나도 따라 웃는다
두들기는 비에 젖어 울다가
이젠 미친 듯 웃는 것이다

틈새를 늘리자

사람들은 어디서 숨을 쉬나
도시의 빌딩에 갇혀
햇빛도 없는 공간에 버려진 사람들
빌딩의 그늘 속에 움츠리며 걷는 뒷모습
저 모습이 우리 모습이다
활개치고 가슴 내밀며 뚜벅뚜벅 걷는 모습
이곳의 틈바구니에선 찾을 수 없다
틈새를 늘리자
너와 나의 삶의 공간
햇빛도 가리지 않는 그곳
들꽃들이 지천으로 피어 손짓하고
냇물 따라 송사리 떼 피라미 뛰노는 그곳으로
가리는 것도 막히는 것도 없는
자연이 숨 쉬는 툭 트인 그곳으로
틈새를 늘리자
숨 막힐 듯 답답한 도시를 벗어나
몸과 마음을 가볍게 부려놓을 수 있는
어머니 품처럼 따뜻이 안아 줄 그곳으로

추억을 꺼내보다

오래 닫아두었던 벽장 속의
앨범을 꺼내 본다
얼마나 세월이 비켜갔을까
까마득한 기억 속에 떠오르는 얼굴들
과거의 장막 속에 묻어두었던
그날 그때의 기억들 영화처럼 펼쳐진다
지난 세월 바람처럼 스쳐갔지만
기억 속에 각인된 추억의 한 장면
수채화처럼 곱게 채색된다
이제 우리 나이
노을 진 언덕길을 억새풀 휘날리며
달려가고 있지만
아름다운 추억 간직한 채
눈감을 수 있다면
난 행복한 미소 머금을 수밖에

가늠할 수 없는 시간

하늘이 빠져 있는 깊은 샘물
가늠할 수 없는 시간에 갇혀
갈증 축여 줄 물이 솟고 있다

이끼 낀 차갑고 검푸른 공간
그 샘물 속에 온 우주가 담겨 있다

사람들은 두레박으로
우주를 퍼 올리고
샘물 속에 빠져있는
파란 세월을 건져 올린다

세상 모든 사람들은
그 세월을 갉아 먹으며
기뻐하고 슬퍼하며 사랑하고 미워하면서
태어나고 늙고 병들어
마침내 오지 못할 먼 길을 간다

거기 누구 없소

오늘따라 마음이 싱숭생숭
맑던 하늘이 갑자기 비라도 오려는 듯
구름이 몰려오는데
이 흐린 하늘 맑게 닦아 줄
거기 누구 없소

구름이 스치고 지나간 사이
해님이 고개 내밀듯
내 마음 환히 비쳐 줄
거기 누구 없소

잔뜩 찌푸린 하늘 금방 쏟아질 듯
가슴이 터질 것 같은데
이 무거운 공기 거뜬히 거둬 줄
거기 누구 없소

쏟아지는 빗줄기 천둥번개 오락가락
내 마음 쑥대밭 만들더니
벼락 때리듯 나를 혼절케 한
거기 누구 없소

그리움의 색깔

내가 그림을 그릴 수 있다면
아련한 유년의 시절로 돌아가
그리움이 선명한 수채화를 그리고 싶다

오래된 그리움일수록 투명한 색깔로
고향의 양지 바른 언덕과 들판
늘 첨벙거리며 뛰놀던
시냇가를 그리고 싶다

냇둑에 피어나던 앙증스런 패랭이꽃
언덕을 촘촘히 수놓던 제비꽃
길가에 다닥다닥 박힌 민들레꽃
이런 꽃들의 색깔을 겹쳐서 칠하다 보면
내 그리움의 색깔은 무슨 빛이 될까

코발트빛 하늘색이 될까
들판에 출렁이던 초록 물결이 될까
진한 그리움의 색깔을 칠하고 싶어
저만큼 봄이 오고 있는 이 밤
시름시름 몸살을 앓는다

길을 나서면

길을 나서면 세상은 온통 내 것이 된다
집 안의 것만 내 것인 줄 알았는데
집을 나서니 잊고 살았던 모든 것이 거기 있었다

나는 얼마나 갇혀 살았을까 묶여 살았을까
이 넓은 세상 눈 감고 살았을까
조금만 집을 벗어나도 보지 못했던 새로운 것들이
다른 모습으로 다른 느낌으로 다가오는데

저 높은 산과 들이, 저 넓은 강과 바다가
내 품 안에 들어오고
새로운 세상이 나를 부르고,
미지의 세계가 가슴 뛰게 하는데
나는 기껏 몇 평의 집 안에서
사소한 일상에 지쳐왔을까

저 길 위에 한 포기 들꽃처럼 살자 해 놓고
방 안에 갇혀 햇빛과 바람을 멀리하고
나약해진 모습으로 시들어가고 있었을까

지나온 날들이 부질없어 저 뜬구름 속에 날려버리니
앞으로 다가올 날들이 선명히 보이기 시작한다

길을 나서니 세상이 온통 내 것인데
세상 끝까지 길이 환히 열려 있는데

떠나는 저 배

내 마음에 돛을 달고
오늘도 부두를 떠나는 저 배
비바람 불지라도 눈보라 칠지라도
출항의 꿈은 더 간곡해진다

주저앉을 듯 절망이 내려앉아도
컴컴한 밤 속에서도
출항을 서두르는 저 배를 어찌하리

지난 흐린 세월 속에도
쉬임없이 나부끼던 꿈의 돛
정착하지 못하고 방황하던 배

얽어매인 창을 뚫고
일상을 탈출하여
무한정 넓은 미지의 세계로
떠나는 저 배

내 인생의 유토피아를 좇아
오늘도 먼 바다로 바다로
출항의 뱃고동을 울린다

머리 허연 사람

젊었을 땐 성질 급한 그인
점잖은 척한 나를 보고
좀 빠릿빠릿 약삭빨랐으면 좋겠다 하고
좀처럼 말대답하지 않는 나를 보고
입은 두어서 어디 쓰냐 하고
서로 다른 성격이 만나 은근히 마음고생했다
수십 년 살다 보니 이젠 내가 큰소리친다
외출할 때도 내가 먼저 나가 빨리 나오라고 하고
먹는 것도 내가 빨리 먹는다
내가 힘든 줄 이제 아는지 도울 일 없냐고 묻고
설거지는 자기 담당이라고 손 못 대게 하고
청소 쓰레기 분리수거도 도맡아 한다
난 청소기 돌아가는 소리가 싫다고
나 없을 때 하면 안 되겠느냐고 큰소리친다
오래 살다 보니 젊었을 때 서슬 퍼렇던 성격 다 어디 가고
나 도울 일 없나 살피는 머리 허연 사람 되었다

마음 다잡기

마음이 천근만근 무겁습니다
오만 가지 잡념이 비집고 들어
천 길 낭떠러지로 추락할 것 같습니다

마음속에 가득 찬 욕심, 망상
분노와 슬픔도 다독여 잠재우고
홀가분히 마음을 비워 보세요

세상을 탓하지 말고 사람도 미워말고
모두가 내 부족한 탓이지 마음을 다잡으면
조금은 억울해도 조금은 쓸쓸해도
그래도 세상은 살 만하네요

모든 건 내 책임, 내 실수
자꾸만 내 탓으로 돌리면
천 길 낭떠러지도 거뜬히 날아오를 만큼
마음이 풍선처럼 가벼워집니다

낙엽의 뒤척임

갈바람 소소히 부는 날
가을빛 짙은 단풍나무들
갈 길을 재촉하고 있다

낙엽을 맞으며 걷다 보면
발길에 서걱대는 소리
해체를 서두르는 낙엽의 뒤척임

부서지는 아픔과
인내의 고통을 감수하며
눈보라 치는 긴 겨울을
나목으로 혹독히 견뎌야만 한다

<u>으스스</u>한 이 계절이 가고
봄이 오기까지
긴 겨울잠이 필요한 나무들처럼
사람들도 겨울잠을 잘 순 없을까

네가 없었더라면

네가 없었다면
말 못하는 나는 무슨 말을 했을까
내 마음을 누구에게 전했을까
네가 옆에 있기에
내가 존재하는 것임을
오늘 비로소 알았다

내 생각을 너는 詩語가 되어
나를 연명시켜 주었고
삶의 터전 어디에서나
너는 꿈틀거리며
나를 일으켜 세웠다

죽어도 몇 번은 죽었을 나를 붙들어
오늘을 떠밀고 온 너
삶의 막바지에서 내가 간다 해도
너는 오래도록 나의 흔적으로 남아
나를 대신해 줄 거다

들국화 무리

한 생을 찾아
가파른 해안 기슭에
가까스로 뿌리 내리고
비바람 불어도
성난 파도 치솟아 올라도
힘들게 생을 부둥켜안고 온
샛노란 들국화 무리

해풍에 부대껴도
풍기는 고매한 향취
시린 가슴에 파고들어

인생은 왔다가 금방 가느니
무거운 짐 다 부려놓고
나처럼 향기롭게 살다가라 한다
나처럼 꿋꿋이 살다 가라 한다

늦은 새 출발

이젠 할 일 없이 시간만 휑한 그는
그럴싸한 일거리 찾느라 10여 년을 허비한 그는
마침내 자기를 지켜줄 통기타를 골라 들고
음악의 음표도 모르던 자신을 망각하고
오늘도 기타를 들고 서툴게 현을 튕기고 있는 그는
기타를 신줏단지 모시듯 어깨에 짊어 메고
현과 싸우느라 손끝이 뭉툭해진 그는
되는지 안 되는지 연습에 연습을 거듭하는 그는
어느 날 멋진 연주회에 자기 가족을 초대하겠다고
벼르고 벼르는 그는
이제야 삶의 존재 이유를 확실히 찾은 듯
오늘도 그 길에 매진하고 있어
늦었지만 참 고마운 새 출발에
아낌없는 격려의 박수를 보낸다

빨래 널기

아파트에 살면 빨래도 숨막혀 한다
어젯밤 빨래를 실내에 널고 잤더니
오늘 아침 빨래는 축 늘어져 있다
잠도 못자고 숨쉬기도 어려웠다는 듯
맥 빠진 모습이 내 모습 같다
빨래도 햇빛 나고 바람 부는 날
밖에 널어야 신이 난다
시골 빨랫줄에 걸렸던 빨래는
햇빛과 바람에 산들산들 흔들리며
축축함 한방에 다 날려버리고
보송보송 얼마나 쾌적했던가
시골 빨랫줄에 널린 빨래처럼
나도 햇빛과 바람 속 초원에 던져놓으면
이 축축한 우울 훌훌 날려 버리고
하늘하늘 얼마나 자유로워질까

걷다 보면 남겨지는 발자국
시간이 지나면 지워지지만
살다 보면 여기저기 남겨지는
삶의 흔적 지울 길 없다

- 흔적 지우기

3부

흔적 지우기

운주사 법문

숱한 세월 저 돌부처들은 하늘만 보았겠다
험한 비바람에 씻기우고 천둥벼락이 쳐도
꼼짝없이 그 자릴 지키며
허구한 날 종소리 목탁 소리에 귀도 먹었겠다

산자락에 누운 와불
천년의 세월 속에 닳고 이지러진 모습
합장하는 나그네도 나 몰라라 하고
바람과 햇빛에 취해 깨어날 줄 모른다

네가 누구냐 난 너를 모른다
너 스스로 너를 찾아라

내려오는 귓가에
비로소 법문이 들리는 듯
나그네는
터덕터덕 왔던 길 되돌아가고 있다

어두워야 피어나는 것들

밤하늘의 별이 어두울수록 반짝이듯이
낮에는 빛을 발하지 못하던 것이
밤이면 꽃처럼 피기 시작한다

달맞이꽃이 낮엔 수풀 속에 숨어 있다가
밤이면 환히 얼굴을 드러내듯이
낮에는 안 보이던 시의 세계가
밤이면 비로소 눈을 뜨기 시작한다

시를 부르는 영혼의 속삭임 속에
밤의 정령들이 쏟아내는 행간의 언어들
밤이 깊어 갈수록 맑게 깨어나는 그 시각

고요함 속에 깊어진 순수한 마음일 때
더욱 영롱한 빛을 발하는
내 영혼의 촉수가 열리기 시작한다

꿈의 나라 안도라

피레네산맥 어디쯤 꿈같은 도시가 있다 했다
우리나라 여의도보다 작은 어머니 품 같은 도시
프랑스의 대통령과 스페인의 주교가 국가 원수를 대신해 주고
온 나라 가게가 면세점이고 스키와 온천의 천국
유럽의 슈퍼마켓으로 불리며
세계 최고의 장수 국가로 인정받은 관광의 나라
작은 나라이면서도 부자이고 복지가 잘된 나라
신들의 온천이라 불리는 안도라라베야의 칼데아 온천
물이 좋기로 유명하고 유럽에서 가장 큰 온천을 자랑
오래된 바위가 깔려있는 고풍스러운 거리를 산책하노라면
사방으로 둘러싸인 피레네산맥의 품 안에
아담히 터를 잡은 자치국가 안도라는
나그네에게 고향처럼 정겹게 다가온다
아름다운 피레네산맥의 산자락마다
노란 꽃들이 지천으로 깔린
그곳은 내가 그리던 꿈의 나라, 바로 유토피아였다

샤갈이 잠든 생 폴 드 방스

샤갈의 자취를 찾아 나선 생 폴 드 방스
바다가 한 눈에 내려다보이는 아담한 요새 도시
14세기의 모습 그대로 보호받고 있는 유적지
프랑스에서 가장 아름다운 마을로 손꼽히며
예술가들의 갤러리며 작업실이 70여 개에 이르고
샤갈의 제자들이 지금도 많이 남아 작업하는 곳
작은 갤러리와 공방, 레스토랑, 예쁜 가게가 줄지어 있는 골목길
어디선가 예쁜 요정들이 금방 출몰할 것 같은 오래된 돌담집
담쟁이넝쿨 속의 돌담 벽, 앙증맞은 돌길, 분수 길이 끝날 즈음
샤갈이 잠든 공동묘지에 이른다
머리 숙여 잠시 묵념하고 샤갈의 무덤을 바라보노라니
사람은 가도 이름은 남는 법 그 이름 헛되게 하지 말아야지
교훈 하나 새기고 돌아서는 길
이곳에 눈이 온다면 오랫동안 꿈꾸던
샤갈의 눈 내리는 마을을 보러
다시 한번 이곳에 발자국을 찍고 싶다

흔적 지우기

걷다 보면 남겨지는 발자국
시간이 지나면 지워지지만
살다 보면 여기저기 남겨지는
삶의 흔적 지울 길 없다
흔적 없이 살다 가려 했는데
삶의 비탈길에 새겨진 흔적
세월이 고맙게 덮어주고 있다
아주 눈을 감는 날
내 존재의 흔적까지 묘지에 묻히면
사람들의 기억 속에서도 서서히 잊어지겠지
흔적을 남기기보단 흔적을 지우기 위해
지금껏 살고 있는 건 아닌지

흐린 기억을 닦고 닦으니

네가 보낸 편지는
색바랜 누런 종이에 깨알 같은 글씨
사연도 잊고 글씨체도 잊은
아주 오래된 편지
그 편지가 오늘 되살아나
너의 안부를 묻는다
얼마나 오랜 세월이 흘렀기에
이름조차 아련할까
그렇게 지워졌던 너를
오늘 다시 기억할 수 있게 해줘 고맙다
이젠 나도 널 잊지 않고 기억할게
흐린 기억을 닦고 닦으니
어제의 일처럼 선명히 떠오르는 것을
그만큼 우린 긴 세월의 강을 건너왔구나
더 저물기 전 우리 다시 만나
지난 세월 못다 한 얘기 나눌 수 있다면
그건 아마 꿈같은 행복이겠지

지난 세월의 흔적

당신 얼굴에 새겨진 인고의 주름
지나 버린 푸른 시절 검던 머리
하얗게 바래어 찬바람에 휘날린다

건강하던 팔과 다리 근육질 몸매
실없이 야위어 가고
수수깡처럼 말라버린
희멀건 모습 애처롭다

해는 저물어 사위어 가는 낙조 위로
지난 세월의 흔적인 양
당신의 한 생이
수묵화처럼 머물러 있다

황혼의 쓸쓸함

길가의 가로수 어느새 나목이 되었다
길 위에 쌓인 낙엽들 스산한 바람에 뒤척인다
저 모습 나인 거 같아 가슴속에 찬바람이 인다
언젠가는 다가올 황혼의 쓸쓸함
노을빛이 스러지면 곧 어둠이 오겠지
그 어둠 속에서 깨어날 수 없다면
오늘이 나의 최후의 날
세상은 넓고 갈 곳도 많은데
갑자기 내 인생은 끝으로 내닫는가
좋은 집 좋은 옷 부귀영화가 무슨 소용 있을까
내가 없다면 아무 쓸모 없다
보잘 것 없는 내가 존재한다는 게
가로수 나목처럼 쓸쓸하고 처량하다

자유롭게 날고 싶다

하늘이 높고 푸르다
휘파람을 불며 어디론가 떠나고 싶다
새 한 마리 후르르 깃을 털고 날아간다
나도 따라 날고 싶다
묶여 있는 이 숨 막히는 공간
사슬을 풀어다오
이 넓은 세상 어디인들 못 갈까
모든 거 다 털어버리고
이 세상 끝까지 자유롭게 날고 싶다
창공을 가로지르는 새처럼
새로운 세상으로
유유히 비행하고 싶다

자욱한 안개

세상은 막막한 안개 속
가늠할 수 없는 그곳

아무리 달려가도 보이지 않는 거리
멀리서나 가까이서나 자욱한 거리

좁혀지지 않는 너와 나의 거리는
지독한 안개 속만큼 멀기만 하다

거둬지지 않는 안개 속에
망각으로 너를 묻어버리고
차라리 눈을 감는 수밖에

연주자의 손

당신의 손마디에서
당신의 지난날을 읽었습니다
거칠고 억센 지난 세월
강물이 역류하여 솟구치는 나날이었지만
당신의 손은 당신을 오늘까지 이끌어 온
장한 승리의 손입니다
당신을 키워 온 잔주름과 굵어진 뼈마디는
이제 서광의 빛으로 찾아와
만돌린을 연주하는 신비의 손이
더욱 빛나고 자랑스럽습니다
인고의 세월이 온몸에 배어
사무치는 그리움을 연주하며
생을 찬미하고 있습니다.

밤마다 별을 헤어 보지만

광활한 지구 한 귀퉁이
점 하나 찍고 살고 있는데
끝없는 우주 어느 떠돌이별에
머물러 있는지 모르는 너
숱한 별들이 지구 위에 반짝이듯이
너의 별도 빛나고 있겠지
밤마다 별들을 헤어 보지만
오늘도 다 헤지 못하고 잠이 든다
날개 달고 우주 끝까지 날아보지만
지쳐서 깨어보면 아득한 꿈속
마음은 휘이휘이 무한대를 날아
흔적 없는 너를 찾느니
정녕 밤하늘 별이 되었다면
오늘 밤 한 줄기 또렷한 빛으로
무한한 빛을 내게 쏘아주기를

밤의 시간

피곤의 그늘이 무겁게 내려앉는 밤
비로소 하루가 막을 내리지만
나의 하루는 이제 시작된다
피곤함 속에 잠들어 버리면
나는 있으나 마나한 존재
나를 찾는 시간이 바로 지금이기에

나를 잃어갔던 시간을 거슬러 올라가
차분히 나를 되돌아보는 시간
책도 읽고 글도 쓰고
내게 주어진 자유의 시간

일기를 쓰듯 하루를 정리하고
다가올 내일을 꿈꾸다가
어느 결에 꿈나라에 든다

억새의 몸짓

무에 그리 슬픈지
바람에 흔들리는 슬픈 몸짓

무더기로 날리는 그리움의 손짓인가
지나는 사람의 마음을 흔들고 있다

바람이 먼저 알고 쓰다듬고 지난다
이제 슬플 일은 없을 거라고
마음을 추슬러야 한다고

흘러간 날들 아득히 멀어져 가고
돌아올 날들은 연둣빛 꿈을 싣고 온다고

알았다는 듯 억새들 일제히 나부끼며
춤사위를 던진다

서우봉 해변의 바람

새벽에 찾은 서우봉 해변은
바람이 심해 정신을 차릴 수 없었습니다
드높게 파도를 몰고 오다가 해변에 철썩 부서지는
광경은 꽉 막혀있던 가슴을 서늘하게 했습니다
성난 사자처럼 나를 붙잡고
내 머리카락과 옷자락이 세차게 휘날리며
내 몸은 바다 쪽으로 기울어졌습니다
그때 해안 기슭에 납작 엎드려 바람과 싸우는
풀들을 보았습니다
허리가 휘어질 듯 엎드려 생을 붙잡고 있었습니다
지나온 날들이 저 풀잎이 잡고 있는
삶보다 허술했다는 걸 알았습니다
바람을 피해 자숙할 줄 알아야 한다고
서우봉 해변의 바닷바람은
나를 다시 일으켜 세워주곤
서서히 물러갔습니다

서우봉 : 제주 함덕에 있는 해변 이름.

자꾸 튕겨버릇하면
어느 날 나는 쥐도 새도 모르게
이름도 모르는 아주 먼 곳으로
영영 사라질 거예요

- 튕기지 말 것

4부
이별 준비

사랑받기 위해 태어난 사람

굽이굽이 흘러온 강산
산천이 바뀌어도 일곱 번은 바뀌었을
길다면 긴 세월
그 강과 산을 넘어 이곳까지 오느라
머리는 갈대꽃 피고 얼굴은 주름투성이
일흔 고개에 서니 난 혼자 온 게 아니더라
곁에 늘 나를 지켜 준 남편이 있고
늘 나를 버티게 해준 두 딸이
나를 떠받치고 있더구나
혼자였다면 쓰러져도 열두 번은 쓰러졌을 세월
이렇게 버티고 있으니
가족이 있다는 것 든든한 아방궁 같더구나
그날 필경재에서 사진사를 불러 근사한 사진을 찍고
손녀의 바이올린 연주와 사위의 기타 반주로
온 가족이 부르던 사랑받기 위해 태어난 사람
그때야 난 내가 왜 태어났나 알게 됐지
그래 난 사랑받기 위해 태어났다고
가족의 소중함을 느끼는 순간
일흔에야 깨닫게 된 내 삶의 방식

이 엄만 사랑받기 위해 태어났고
받은 사랑을 더 많이 나눠주기 위해
더 오래 살아야 한다는 걸

이런 날이 좋다

마음속에 오롯이 들어앉은 날
햇빛이 거실로 가득 들어오는 날
TV도 꺼놓고 시계의 초침 소리만 재깍재깍
거실 소파에서 해바라기하며 숨을 쉰다

많은 시간들을 빼앗기며 살았기에
온전히 주어진 이런 날은 나만의 날이다

밥을 안 먹어도 되고 세수를 안 하면 어때
과일 몇 조각으로 식사를 대신하고
쓴 커피 한 잔이면 족해

그 대신 옆에 책이 있고
끄적일 종이와 연필이면 충분해
시간이 온통 내 것인데
이보다 더 행복한 사람 또 있을까

지금 이 순간만은 가장 평화롭고
가장 자유로운 나만의 시간
마음을 살찌우는 힐링의 시간

복덩이 두 딸

한 뱃속 출신인데

어쩜 저리 다를까

큰 애가 수수한 수수꽃다리라면

작은 애는 청순한 마가레트랄까

큰 애는 예민하지만 의외로 따뜻한 정이 느껴지고

작은 애는 격식은 갖추지만 한편으론 무심하다

내 속에서 나왔으니 나를 닮을까 했는데

내 딸 맞나 할 때가 있다

내가 나이 먹으니 엄마를 닮아가듯이

딸들도 나이 들면 나를 닮아가겠지

세월이 약이라고 했으니

날카로운 건 무뎌지고

무심한 건 정이 샘솟겠지

걱정 안 시키고 믿음직한 신랑 만나서

아들딸 둘씩 낳아 공주와 왕자처럼 키우니

그저 고맙고 미더울 따름

사는 그날까지 건강하게

복덩이 두 딸 아들 대신

엄마 아빠 지킴 돌이 되어주렴

네 몫

너의 힘든 모습 보면 가슴이 아프다
힘을 내렴 용기를 내렴
더는 의기소침 않기를
더는 눈물 보이지 않기를
힘들지라도 이겨내는 의지가 팽배하기를
네 얼굴에 그늘이 지면
내 얼굴엔 어둠이 내리는 걸 기억하렴
참고 견디노라면 언젠간 견딘 만큼
큰 기쁨으로 변해 있음을 알게 될 거야
환하게 미소 띤 예전의 얼굴로
돌아와 주렴
엄마가 된다는 것
너도 이제 알게 될 거야
네가 감당해야 하는 몫이라는 걸

숨 가쁘게 달려오는 저 소리
-말레이시아 란춧 골든비치에서

자꾸 부르는 소리가 있다
대서양을 가로질러 달려오는 저 소리
밤이면 그 소리 더 높아진다

간곡하게 내뱉는 저 소리
저물녘 해변에서 보았던 거친 파도의 광란
흰 이빨을 희번덕이며 온갖 쓰레기를 몰고 와
거침없이 내려놓는 저 소리

이제야 알겠다
너희들이 버리고 간 쓰레기
너희들의 몫이다
분노하는 소리 역력하다

짙푸른 바다의 물빛은 어디로 가고
흙탕물빛 무서운 얼굴로
질풍노도하며 숨 가쁘게 달려와
밤 깊도록 자지러질 줄 모른다

여름의 마지막 비

여름을 몰아가는 비가 온다
무더위를 식히며 갈증 나던 대지를
적셔주는 사랑의 비가 온다

들끓던 대기 가스
폭발 직전임을 알고
억수로 쏟아 붓는다

여름내 이글거리던 태양 자숙하라고
폭염에 쓰러져간 영혼들 달래주듯이
시원한 빗줄기 가슴을 때린다

살인 더위에 떼죽음 당한 닭이며 오리
적조에 폐사당한 수십만 물고기 떼
하늘의 눈물인 듯 비가 온다

모든 걸 식혀주고 잠재워주고
지상의 모든 오물과 쓰레기까지도
깨끗이 씻어가는 청량제 같은 비가 온다

안경을 쓰고 내다본 세상

흐릿하고 복잡하고 무심하다

정직한 이가 사는 세상에 거짓이 뒤섞여
흰 것도 검다하고 검은 것도 희다고
우기는 세상
넘어지면 일으켜 세워야지 짓밟으려 하고
멀쩡한 사람 발길로 차 넘어뜨리는 세상
어처구니 없는 세상 울지도 웃지도 못하고
명청한 바보가 되어 나락으로 빠져든다

안 해도 될 말을 시나브로 지껄이는 사람들
근거도 없는 말들이 날개 달고 돌아다니고
남 헐뜯으며 뱉은 말에 상처받고 쓰러지는
선량한 사람들

차라리 안경을 벗고 못 본 척 살고 싶다

여수 밤바다

늘 꿈꾸던 여수 밤바다
케이블카를 타고 밤바다 위에
둥실 떠오르면
바닷길 따라 늘어선 휘황한 불빛
하늘에서 내려다보니
꿈의 도시에 내가 떠 있다

하나둘 혼령처럼 피어나는 저 불빛
저 하늘 별들이 꿈을 빠트린 흔적들
별똥별 되어 내가 떨어지면
나도 저 불빛 중에 하나
반짝이는 꿈이 되겠지

그 숱한 사연 끌어안고
출렁이는 여수 밤바다
내 어렸을 적 꿈도 되살아나
빛을 드러내는
황홀한 여수 밤바다

생각의 저장고

나이 탓일까

건강한 날들만 있지 않다

돌연 어딘가 아파 병원을 들락날락 한다

운명의 날이 문밖에 대기하고 있다

좋은 생각만 해도 모자랄 판에

쓸데없는 생각으로 머릴 썩혔을까

생각의 저장고에 문제가 생겼다

위험천만의 꽈리가 자라고 있었다니

폭발하기 전 처분해야 한다

깊은 사유의 늪을 건너지 못하고

퐁당 빠지는 건 아닐까

아직 마무리하지 못한 내 인생

조심조심 저 늪을 건너서

온전한 생각의 저장고를 건져내야지

물의 정원

강물이 빙 둘러 에워싸고 있는
북한강 물의 정원
높고 낮은 산들이
강과 어우러져 수려한 풍광을
펼치는 그곳에 들어서면
넓은 초원에 자생하는 풀과 꽃들의 잔치

코에 스며드는 싱그러운 풀내음
예서 제서 향기를 실어 오는 꽃내음
산들바람 맞으며
초원을 가로질러 쌍쌍이 거니는
연인 친구 혹은 가족들

맑은 웃음소리 까르르 귀를 간질이고
강변에 둘러앉아 나누는 담소
홀로 앉아 멍 때리기 하는 사람들
사랑과 평화가 출렁이는 물의 정원은
자연 그대로 힐링의 낙원

풀숲에 청초히 피어난 야생화

지친 우리의 몸과 마음을 다독이며

본래의 순수한 모습으로

돌아가라 한다

계절의 끝

바람이 차갑다
외투깃을 올리고
어디론가 길을 나선다
약속도 없으면서
누군가를 만날 것처럼
가슴은 왜 이리 설레일까
저물어 가는 계절의 끝에 서서
못다 한 이야기 주저리주저리 나누고 싶은데
누군가 오겠다는 소식도 없는데
마냥 걷다보면 저 길 끝쯤
반가운 누군가가 불쑥 나타나
오랜만이라고 말을 걸어올 것만 같다
그래도 무심한 척 고개를 떨구고
가던 발걸음 멈추지 않으리

독도에 발을 찍다

동해 바다 푸른 물결 헤치며
유람선은 마냥 동남쪽으로 달린다
마음은 파도보다 더 들썩거리며
환희의 물결로 출렁거린다

마침내 발을 찍은 아름다운 독도
태극기 흔들며 소리쳐 부르는 함성
이 섬은 우리 땅 대한민국 독도

감히 누가 이 땅을 자기네 땅이라고 우기다니
얼토당토 않는 어처구니 없는 일
대대손손 이어온 역사가 증명한다

독도 한 바퀴 멋지게 비행하는 헬리콥터
우리 땅 이렇게 잘 지키고 있노라고
환호하는 사람들 가슴 뜨겁게 환영한다

흰 물거품 튀기며 밀려오는 파도
우리도 지키겠노라고 합창한다

남프랑스 에즈Eze 마을

길가를 수놓는 아스팔라 티 노란 꽃길 따라
높은 언덕 위에 그림처럼 보이는 중세기 마을
수백 년 묵은 고목 한 그루
오랜 세월의 증표로 마을을 지키고
오르는 골목마다 담쟁이넝쿨 뒤덮인 푸른 돌담집
중세기를 버텨온 흔적 역력하다
마을 끝까지 오르니 숨어있던 열대 정원
문을 열고 신비한 모습을 드러낸다
수백 년 자랐을 키다리 선인장이 즐비하고
화사한 꽃 벌떼들 노닐며 향기 진동한다
신비의 생명력이 감싸고 도는 정상에 올라
짙푸르게 펼쳐진 지중해를 바라보니
가슴을 짓누르던 묵은 체증이 뻥 뚫린다
발아래 펼쳐진 바닷가 마을, 꿈에 그리던 마을
꿈이 아닌 현실이라는 것 확인하며 내려오는 길
아름다운 전설로 오래오래 남을 동화 속의 에즈 마을
마음 뿌듯하게 기억 속에 저장해 두고
삶이 지루하고 지칠 때 보석처럼 꺼내보련다

이별 준비

서리서리 무서리 내리는 계절
자고 나면 앞뜰에 하얗게 서릿발 꽂히고
마지막 나뭇잎새 한 잎 툭 떨어질 때
사람들은 황망히 이별을 준비할 때
해 저물기 전 떠날 준비 해야지
아는 사람 하나둘 멀어져 가고
남길 것도 없지만 버릴 것은 많으니
버리고 버려서 빈 몸으로 훌쩍 떠나야지
이 세상 또 올까 싶기도 하고
아주 영영 가버릴 수 있게
지금은 떠날 준비를 서두를 때
살 만큼 살았으니 미련을 두지 말고
잘 살아줘서 고맙다는 인사 편지도 쓰고
마지막 남길 유언 몇 줄 멋지게 준비해야지
편안히 눈감을 수 있게

튕기지 말 것

자꾸만 튕기지 마세요
잘 익은 콩이 껍질을 튕기고 나오려는데
고무줄을 늘어뜨려 돌멩이를 튕기듯
탁구공을 벽에 튕기듯
그렇게 튕기지 마세요

난 돌멩이도 아니고 탁구공도 아니잖아요
난 있어야 할 곳에 묵묵히
자리를 지키고 있는 사람

자꾸 튕겨버릇하면
어느 날 나는 쥐도 새도 모르게
이름도 모르는 아주 먼 곳으로
영영 사라질 거예요

오늘도 파도는 하얗게 기세를 드높이며
무지막지 달려와 산산이 부서지고 맙니다
지나온 발자국까지 흔적 없이 지우는
바다의 무서운 위력 앞에
덧없이 빠지려고 또 왔습니다

- 바다에 또 왔습니다

5부
돌처럼 나무처럼

바다에 또 왔습니다

바다는 자꾸 나를 부릅니다
뭔가 나를 잡아끄는 끈나풀이 있어
자꾸만 바다 쪽으로 썰물처럼 빠져듭니다
모래사장엔 숱한 발자국이 지나갔고
날마다 파도는 밀려와 발자국을 지웠습니다
갈 때마다 지나간 발자국을 찾았지만
영영 찾을 수가 없었습니다
파도는 늘 먼발치로 달려와 천둥치듯
흰 물거품을 튀기며 달아났고
내 심장은 평정을 잃고 무너져 내렸습니다
오늘도 파도는 하얗게 기세를 드높이며
무지막지 달려와 산산이 부서지고 맙니다
지나온 발자국까지 흔적 없이 지우는
바다의 무서운 위력 앞에
덧없이 빠지려고 또 왔습니다

돌처럼 나무처럼

돌처럼 나무처럼 살자 했다
해 나오면 해바라기하고
비 오면 비 맞으며
바람 부는 대로 살자 했다
회오리바람 소소리바람
불어오는 대로 맞으면서
그러나 뿌리는 지키며 살자 했다
먹구름 밀려와 천둥 치고 번개 쳐도
돌처럼 나무처럼 귀 막고 입 막으며
목석이 되자 했다
흙 속에 뿌리 내리고
이 몸이 돌이 되고 나무가 되어
한 줌 흙으로 돌아갈 때까지
그렇게 살자 했다

귀뚜리 울음소리

내 귀엔 가을처럼
뚜르뚜르 푸르르
귀뚜리 소리 울어대고 있네

허이허이 웃고 싶을 때도
흐윽흐윽 울고 싶을 때도
가슴 밑바닥을 적시며 울려오는 저 소리
행여 귀 울음인가 했는데

세월의 수레바퀴 덧없이 구른 후에야
가슴 깊은 곳에서 울어 나오는
내 울음소리임을 알았네

이제 남아 있는 삶을 붙잡고
흠 없이 올곧게 살고자 하는데
처량히 우는 귀뚜리처럼
황혼의 그림자가 먼저 길게 누워 있네

조금만 기다려 줘

기차가 떠나려 한다
조금만 기다려 줘
숨가쁘게 달려가며 외친다
달리다 쓰러지면
기차는 모르는 척 지나가겠지

강을 건너려고 강가에 왔다
건널 수 없다고
기다려야 한다고
시퍼런 강물은 넘실거린다

아직 못다 한 일 마무리 짓고
보고픈 사람 꼭 만나고
쓰고 싶은 글 끝까지 쓰고
필요 없이 쌓아놓은 잡동사니 다 버리고
훨훨 가볍게 오라 한다

지금은 몸이 무거워
저 강을 건널 수 없으니

뜨거운 레몬차 한 잔

난 당신께 뜨거운 레몬차 한 잔을 드립니다
향기도 그만이고 맛도 상큼한 레몬차를
천천히 음미하며 삼키노라면
아 인생은 이런 맛이 있어
괜찮은 거구나 하실걸요
마음에 근심 걱정 쉬 날려버리고
레몬 맛처럼 새콤달콤 인생도 그렇다고
고갤 끄덕일걸요

이 차 한 잔으로
가슴 가득 밀려오는 따뜻함을 맛보세요
가슴 가득 시원해지는 상큼함도 느끼세요
너무 머리 싸매고 찌푸리지 마시고요
인생 별거 아니거든요

소매물도 한 바퀴

언젠가는 소매물도 같이 가보자고
손가락 걸고 약속했던 친구
세월은 흘러 그 친구 소식은 끊겼고
그 꿈은 서럽게 깨지고 말았다
그러던 소매물도를 이제야 가볼 수 있어
얼마나 감개무량하였는지
친구 생각에 가슴은 먹먹하였지만
저구항에서 배 타고 매물도를 지나
마침내 다다른 소매물도
한눈에 보이는 조그만 섬 그림처럼 아름답다
누가 찾지 않으면 그야말로 외딴 고적한 섬
코끝에 스미는 풋풋한 풀냄새 야생화 냄새
낭떠러지 해변을 바리보며 아슬아슬 둘레길을 걷는다
공해라고는 찾아볼 수 없는 원시림 나무며 바위들
오르고 또 올라 한 바퀴 일주에 성공
이마의 땀을 닦으며 야호 소리를 질러본다
소식 없는 친구에게도 한마디
부디 살아만 있다면 소식 좀 다오
친구와 같이 못 와 허전한 마음
물 한 모금으로 달래며 산길을 내려온다

문경새재 오르며

오르다 오르다 발이 아파서
신발을 벗어들고 맨발로 걷다
촉촉한 황토 흙 발에 스며들어
짜증스럽던 발이 생기를 되찾다
잘 닦인 산책로 갓길에
붉은 철쭉 하늘거리고
아래 둑엔 애기똥풀 꽃
엉거주춤 눈 맞추고 있다
그래 힘내 조금만…
끄덕끄덕 고개 흔들며 귀여움 부추긴다
바람이 한바탕 지나가다가
호호호 노랑 애기똥풀 일으켜 세운다
오르는 발길 어느새 힘이 솟는다

적막 길들이기

언젠가 찾아올 적막을 미리 연습하는 걸까
너는 벌써 적막의 휘장을 치고 있었다
지친 하루가 끝나고 조용히 불이 켜지면
그래도 네가 있어 두런두런 얘기 나누며
다가올 내일을 꿈꾸기도 했는데
언젠가 찾아올 적막을 길들이기 위해
너는 어느 날부터 입을 꾹 다물고
따뜻한 너의 품을 허락해 주지 않았다
오늘도 난 너의 등에 딱 달라붙은 매미가 된 지 오래
차라리 매미처럼 날개를 떨며 울어라도 볼까
이젠 적막 길들이기가 무섭다
언제 현실이 될지 모르는 적막을
미리미리 끌어당길 게 뭐람

가을 산

배낭을 메고 산을 오른다
앞서거니 뒤서거니 목 축이라고
물병을 서로 밀어 주면서
풋풋한 향기 가슴 깊이 마시노라니
울긋불긋 익어가는 단풍에 취해
숨은 차고 발길은 비틀거리지만
산의 품에 의지한 몸은 싱싱하게 살아난다
야호 메아리를 외치는 정상에서
내려다보이는 시원한 전망
땀방울을 훔치며 온몸에 퍼지는 정기
이 순간을 카메라에 담는 사람들
오색 단풍에 물들어 모두가 꽃처럼 어여쁘다

차 한 잔을 마시며

혼자라도 좋다
마음을 비우고 싶을 때
차 한 잔을 음미하며 고적함을 달랜다
가슴 밑바닥에서 밀려오는 그리움의 파장
찡한 슬픔이 봇물처럼 터진다

솔베이지 송이 아련히 깔리고
지난날의 추억이 오버랩 된다
지금 그들도 희끗희끗한 머리카락 휘날리며
차 한 잔으로 마음을 달래고 있을까
외로움을 차에 타서 음미하며
지난날을 반추하고 있을까
노을이 지는 강변으로 자꾸만
마음은 줄달음친다
강변은 고향처럼 나를 손짓하며 부른다

차가 식는다, 따스한 온기를 채워 찻잔을 기울인다
이젠 짐을 내려놓을 때다
애틋한 마음도 그리움도 다 내려놓고
정갈한 차 한 잔으로 마음을 다스린다

파도에 꿈을 싣고

시퍼런 바다 위에 둥둥 떠 있는 섬
이 땅의 가장 끝 남쪽의 섬
억겁의 세월 부딪히는 파도에 씻기고 깎여
해안의 검은 돌들은 숭숭 구멍이 뚫렸다
짙푸른 바다는 시리도록 파도를 몰아오고
해풍에 나부끼는 허연 억새풀들
팔랑개비처럼 흔들며 손님을 맞는다
오면 곧 떠날 사람들 반가운지 서운한지
고개까지 내두른다
오늘도 철썩이는 파도에 꿈을 싣고
육지로 오가는 저 배
마음만 파도 따라 떠나보내고
눈동자엔 파란 바닷물이 들고
귀까지 먹먹해진 마라도 사람들
구경 온 손님 마음 헤아려
회 한 접시 푸지게 내놓는다
섬 한 바퀴 돌아도 한 시간 남짓
조그만 성당의 그림 같은 모습
카메라에 담고 돌아서는 길

이곳에 터를 잡고 사는 토박이 주민들
귀 아프도록 파도 소리 위안 삼아
부디 잘 살기를
마음이 찡하도록 두 손 모아 본다

친구야 힘내

생각지도 않은 그날
갑자기 하늘이 무너지고 산이 무너지는
소리가 들렸지
넌 무언가를 붙잡고 떠내려가지 않으려고
안간힘을 쓰고 있었어
몇 시간 전까지 곁에 있던
검은 머리 파뿌리 되자던 사람이
멀고 먼 저세상 사람이 되었다는 것
꿈인지 생신지 도무지 믿기지 않았을 거야
한번 가면 영영 올 수 없다는 기막힌 현실 앞에
눈물 감추며 꿋꿋하게 버티던 네 모습
곧 우리가 감당해야 할 몫이라는 걸
눈물 삼키며 깨달았다
이젠 누리며 살 일밖에 없는데
그렇게 훌쩍 떠나시다니 정말 허망하고 부질없다
그만 슬퍼하고 정신을 차리렴
우리 살날도 얼마 남지 않았으니
내가 얼마나 소중하다는 걸 생각하렴

내가 없으면 이 세상도 없다
노을이 비껴가기 전 너의 삶을 꼭 붙들어라
남은 삶은 오로지 행복해야 하니까

몽돌 해수욕장

둥글둥글 자그마한 돌들
언제부터 이 해변으로 몰려 와
굳건히 터를 잡았을까
허구한 날 파도는 이곳을 찾아 와
모난 돌들 토닥이다 보니
갈수록 몽글몽글 몽돌이 되었겠지

몽돌을 찾아 멀리서 온 사람들
바다가 내다보이는 곳에 숙소를 잡고
소금기 몸에 베이도록 몽돌 해변을 거닐다
밤새도록 파도 소리 베개 삼아 하룻밤을 묵으면
아픈 상처들 치유될 수 있을까

건너편 바람의 언덕에서 불어오는 바람
몽돌 해변으로 찾아와 파도를 일렁이며
몽돌들 찰박찰박 다독거린다

몽돌을 밟으며 맨발로 성큼성큼 걷는 사람들

내일이면 아픈 마음 치유되어
거뜬히 돌아갈 거라고

조용히 필력을 다듬어온 박하영 시인의
세 번째 문학과 인생에 대한 담론은
'아름다운 종착지에 이르기 위한 수행'이다.

−「작품 해설」중에서

작품해설

초연한 자세로
삶의 의미를
사유하며 천착해 온
30년 중년의 시인

글 지연희

| 작품 해설 |

초연한 자세로 삶의 의미를
사유하며 천착해 온 30년 중년의 시인

지연희 (시인, 한국여성문학인회이사장역임)

시인의 세 번째 시집을 엮는다. 첫 시집 『바람의 말』 두 번째 시집 『직박구리 연주회』 그리고 오늘 세 번째 시집 『바다에 또 왔습니다』를 출간하는 기쁨이 어느 때보다 크다. 2015년 두 번째 시집을 출간하고 9년의 세월이 지나 비로소 독자들의 갈증을 해소하게 된 까닭이다. 첫 시집의 메시지가 '바람이고 싶은 영혼의 순례자'였으며 두 번째 작품의 메시지는 순례의 길에 놓여있는 '생의 종착지로 가는 초연한 순리'를 담담한 필치로 그려내 주었다. 매사에 성급하지 않은 자세로 조명하고 마음 깊이 삶의 의미를 사유하며 천착해 온 30년 중견의 시인이 꽃피워낸 감성의 시집이다. 조용히 필력을 다듬어온 박하영 시인의 세 번째 문학과 인생에 대한 담론은 '아름다운 삶의 종착지에 이르기 위한 수행'이다. 생과 사를 잇는 깊은 사유가 오늘의 화두이지 싶다.

> 하얗게 포장된 눈부신 길 밟고서
> 하얀 드레스 끌며 사뿐히 오소서
>
> 온 세상이 하얗게 단장했듯
> 하얀 옷 입고 하얀 모자 쓰고
> 천사처럼 하얀 눈밭으로 오소서
>
> 하얀 보료로 뒤덮인 세상
> 마음마저 하얗게 비워두고
> 기다리고 기다리던 지금
>
> 송이송이 눈송이 맞으며
> 사뿐사뿐 오소서
> 흰나비처럼 오소서
>
>   – 시 「하얀 길로 오소서」 전문

> 간혹 당신이 날 쓰러뜨려 넘어지게 한다 해도
> 다시 일어나 사랑하게 하소서
>
> 설사 당신이 날 거짓으로 옭아매더라도
> 모르는 척 사랑하게 하소서

| 작품해설 |

끝없이 날 시험하고 의심하더라도
끄떡없이 사랑하게 하소서

정녕 내 가진 것 하나 없이 다 드린다 해도
더 다소곳이 사랑하게 하소서

설령 내가 미워 멀리 보낸다 해도
기어이 되돌아 와 더 따뜻이 사랑하게 하소서

내 사랑 소진하는 그날까지
— 시 「사랑하게 하소서」 전문

  사뿐사뿐 내리는 눈송이의 감미로운 정경을 점묘하고 있는 시 「하얀 길로 오소서」는 순백의 아름다운 신부의 모습을 연상하게 한다. '하얗게 포장된 눈부신 길 밟고서/ 하얀 드레스 끌며 사뿐히' 결혼식장에 입장하기를 화자는 간절하게 주문하고 있다. 온 세상 모든 사물이 티끌 하나 없는 눈송이에 묻혀 순정한 사랑이 되는 경이로움을 예감하게 한다. 삼십 년 가까이 곁에서 지켜온 시인의 맑은 영혼이 짚어내는 순수의 상상과 언술의 절묘한 결이 펼쳐내는 구현이지 않을 수 없다. 시는 시인의 절대적 감성으로 표현하는 구조물의 산물이다. '하얀 보료로 뒤덮인 세상/ 마음마저 하얗게 비워두고/ 기다리고 기다리던 지금'의 이 순간

눈밭을 밟고 오시는 신부의 모습이 말간 눈꽃의 아름다움을 연상하게 한다.

 사랑의 공통 분모는 진정한, 고결한 마음에서부터 시작된다. 시 「사랑하게 하소서」는 어떤 아픔 속에서도 부서지지 않는 완곡한 사랑의 가치를 영원한 믿음으로 추구하는 일이다. 부득이 시인이 제시한 간곡한 언어들의 울림이 가슴을 울리고 있어 다시금 원문을 재론하려 한다. '간혹 당신이 날 쓰러뜨려 넘어지게 한다 해도- 설사 당신이 날 거짓으로 옭아매더라도- 끝없이 날 시험하고 의심하더라도- 정녕 내가 가진 것 하나 없이 다 드린다 해도- 설령 내가 미워 멀리 보낸다 해도- 다시 일어나 사랑하게 하소서, 모르는 척 사랑하게 하며, 끄떡없이 사랑하게 하소서, 더 다소곳이 사랑하게 하소서, 기어이 되돌아와 더 따뜻이 사랑하여 내 사랑이 소진하는 그날까지 사랑하게 해' 달라는 헌신의 지극한 온전함을 먹먹한 가슴으로 감상할 수 있었다. 사랑을 위한 사랑에 의한 절대 사랑의 간절한 소망이 말간 목련꽃처럼 향기롭게 피어나는 시편이었다.

> 자꾸만 옷깃을 여미는 계절
> 바람은 헤프게 가슴팍을 파고든다
> 주마등처럼 스쳐 지나가는 지난날들
> 기쁨 슬픔 아픔들을 허공으로 날려 보낸다

| 작품 해설 |

지나고 나면 모두 아름다운 추억
거꾸로 세월이 흐른다면
지난날 이루지 못한 꿈 다시 붙들고 싶다
잃어버린 첫사랑 다시 찾고 싶다

계절을 바꾸는 바람에게 부탁한다
세월을 거꾸로 돌려달라고
　　　　　　　　　　－시「바람에게 부탁한다」전문

오래 닫아두었던 벽장 속의
앨범을 꺼내 본다
얼마나 세월이 비켜갔을까
까마득한 기억 속에 떠오르는 얼굴들
과거의 장막 속에 묻어두었던
그날 그때의 기억들 영화처럼 펼쳐진다
지난 세월 바람처럼 스쳐갔지만
기억 속에 각인된 추억의 한 장면
수채화처럼 곱게 채색된다
이제 우리 나이
노을 진 언덕길을 억새풀 휘날리며
달려가고 있지만
아름다운 추억 간직한 채
눈감을 수 있다면
난 행복한 미소 머금을 수밖에
　　　　　　　　　　－시「추억을 꺼내 보다」전문

시 「바람에게 부탁한다」를 감상한다. '옷깃을 여미는 계절/ 바람은 헤프게 가슴팍을 파고든다/ 주마등처럼 스쳐 지나가는 지난날들'을 서글픈 시선으로 반추하고 있는 심경을 담고 있다. 무상하게 지나간 기쁨 슬픔 아픔들을 허공으로 날려 보내며 시인은 계절을 바꾸는 바람에게 부탁하고 있다. '세월을 거꾸로 돌려달라는' 주문이다. 지난 시간은 모두 아름답다고 했던 푸시킨의 시구처럼 시인은 바람이 세월을 거꾸로 돌릴 수 있다면 지난날 이루지 못한 아름다운 시간 속으로 돌아가 다하지 못한 추억을 붙들고 싶다는 것이다. '잃어버린 첫사랑'과 같은 아름다움을 주저함 없이 찾고 싶은 바람이다. 시간은 한순간도 여분을 주지 않는다. 순간순간 스쳐 지나며 어떤 의미를 흔적으로 기록하려 한다. 까닭에 흘러가 버린 세월의 아쉬움을 되돌아보게 된다. '지나고 나면 모두 아름다운 추억이지만' 다하지 못한 아쉬움으로 계절을 바꾸는 바람에게 세월을 거꾸로 돌려달라는 부탁을 주문하는 것이다.

'오래 닫아두었던 벽장 속의/ 앨범을 꺼내 본다'는 시 「추억을 꺼내 보다」는 벽장 속 시간의 깊이로 침묵하고 있던 까마득한 기억 속의 얼굴을 소환하고 있는 만남의 날이다. 장막 속에 묻어두었던 앨범이 어둠에서 빛을 맞이하는 날이다. 스쳐 지나간 시간 속의 까마득한 기억은 무성영화처

| 작 품 해 설 |

럼 침묵 속에 흐르게 된다. 벽장 속의 앨범은 켜켜이 쌓아둔 기억의 산물이다. 시간이 흐르고 흐트러진 삶의 흔적이 흐르는 수채화처럼 고왔던, 다시 돌아오지 않을 파릇한 젊음이 부스스 눈을 뜨게 된다. 갇힌 벽장에서 막힌 숨을 서서히 풀어내고 있는 시 「추억을 꺼내 보다」는 까마득한 기억의 얼굴들이 분분히 일어서는 재회의 공간이다. 이미 세상을 떠나 추억 속에서만 기억할 수밖에 없는 얼굴들이 적지 않은 편이다. 그럼으로 '이제 우리 나이/ 노을 진 언덕길을 억새풀 휘날리며/ 달려가고 있지만/ 아름다운 추억 간직한 채/ 눈감을 수 있다면' 행복한 미소 머금을 수 있겠다고 한다. 아름다운 추억은 언제 어디서나 잊히지 않는 그리움이다.

　　밤하늘의 별이 어두울수록 반짝이듯이
　　낮에는 빛을 발하지 못하던 것이
　　밤이면 꽃처럼 피기 시작한다

　　달맞이꽃이 낮엔 수풀 속에 숨어 있다가
　　밤이면 환히 얼굴을 드러내듯이
　　낮에는 안 보이던 시의 세계가
　　밤이면 비로소 눈을 뜨기 시작한다

　　시를 부르는 영혼의 속삭임 속에

밤의 정령들이 쏟아내는 행간의 언어들
밤이 깊어 갈수록 맑게 깨어나는 그 시각

고요함 속에 깊어진 순수한 마음일 때
더욱 영롱한 빛을 발하는
내 영혼의 촉수가 열리기 시작한다
      - 시 「어두워야 피어나는 것들」 전문

걷다 보면 남겨지는 발자국
시간이 지나면 지워지지만
살다 보면 여기저기 남겨지는
삶의 흔적 지울 길 없다
흔적 없이 살다 가려 했는데
삶의 비탈길에 새겨진 흔적
세월이 고맙게 덮어주고 있다
아주 눈을 감는 날
내 존재의 흔적까지 묘지에 묻히면
사람들의 기억 속에서도 서서히 잊어지겠지
흔적을 남기기보단 흔적을 지우기 위해
지금껏 살고 있는 건 아닌지
      - 시 「흔적 지우기」 전문

'밤하늘의 별이 어두울수록 반짝이듯이/ 낮에는 빛을 발하지 못하던 것이/ 밤이면 꽃처럼 피기 시작한다'는 것이

| 작 품 해 설 |

다. 어둠 속에서 빛을 밝히는 사람들의 다분한 경쟁사회가 짊어진 질곡의 삶과 다르지 않다. 밤을 새우며 어둠 속에서 꽃을 피워내는 밤의 사람들도 생명이라는 꽃을 피운다. '달맞이꽃이 낮엔 수풀 속에 숨어 있다가/ 밤이면 환히 얼굴을 드러내듯이/ 낮에는 안 보이던 시의 세계가/ 밤이면 비로소 눈을 뜨기 시작한'다는 시인의 습성도 꽃을 피우는 일이다. 어두울수록 반짝이는 별들도 낮에는 빛을 밝히지 못하는 습성 때문에 밤하늘 가득 꽃을 피우고 있다. '시를 부르는 영혼의 속삭임 속에/ 밤의 정령들이 쏟아내는 행간의 언어들/ 밤이 깊어 갈수록 맑게 깨어나는 그 시각// 고요함 속에 깊어진 순수한 마음일 때/ 더욱 영롱한 빛을 발하는/ 내 영혼의 촉수가 열리기 시작한'다는 어두워야 피어나는 것들을 위하여 별들은 저렇게 반짝이고 있다.

'걷다 보면 남겨지는 발자국/ 시간이 지나면 지워지지만/ 살다 보면 여기저기 남겨지는/ 삶의 흔적 지울 길 없다'는 엄숙한 사실에 긍정하게 된다. 시 「흔적 지우기」의 고뇌는 누구나 한평생을 살다보면 그가 살아온 삶의 흔적을 자의든 타의든 자국을 남기지 않을 수 없다는 생각이다. 아름다운 흔적이든 못난 흔적이든 무심히 기억하는 이들에 의해서도 규명이 되지 않을까 생각하게 된다. 제아무리 흔적 없이 살다 가려 하지만 언젠가는 저 먼 기억이 낡아지고서야

가능할 일이지 싶다. 박하영 시인은 이것을 '삶의 비탈길에 새겨진 흔적/ 세월이 고맙게 덮어주고 있다'고 표현한다. 이어서 '아주 눈을 감는 날/ 내 존재의 흔적까지 묘지에 묻히면/ 사람들의 기억 속에서도 서서히 잊어지겠지'라고 예감하고 있다. 지금껏 살고 있는 건 흔적을 남기기보다 흔적을 지우기 위해 살고 있다는 정설처럼….

당신의 손마디에서
당신의 지난날을 읽었습니다
거칠고 억센 지난 세월
강물이 역류하여 솟구치는 나날이었지만
당신의 손은 당신을 오늘까지 이끌어 온
장한 승리의 손입니다
당신을 키워 온 잔주름과 굵어진 뼈마디는
이제 서광의 빛으로 찾아와
만돌린을 연주하는 신비의 손이
더욱 빛나고 자랑스럽습니다
인고의 세월이 온몸에 배어
사무치는 그리움을 연주하며
생을 찬미하고 있습니다
- 시 「연주자의 손」 전문

| 작 품 해 설 |

무에 그리 슬픈지
바람에 흔들리는 슬픈 몸짓

무더기로 날리는 그리움의 손짓인가
지나는 사람의 마음을 흔들고 있다

바람이 먼저 알고 쓰다듬고 지난다
이제 슬플 일은 없을 거라고
마음을 추슬러야 한다고

흘러간 날들 아득히 멀어져 가고
돌아올 날들은 연둣빛 꿈을 싣고 온다고

알았다는 듯 억새들 일제히 나부끼며
춤사위를 던진다
— 시 「억새의 몸짓」 전문

 어떤 경지에 닿기 위한 삶의 목표는 부단한 인고의 노력이 아니고는 이루어지기 어려운 일이다. 무엇보다 예술 장르의 감성과 창의적인 개성의 창작 세계를 섭렵하기는 더더욱 만만치 않은 것이다. 시 「연주자의 손」에서 제시하는 '당신'에 대한 존경과 칭송은 역경을 딛고 일어선 아름다운 사람과 그가 보여주는 삶의 성과를 그려내고 있다. '당신의 손마디에서/ 당신의 지난날을 읽었습니다/ 거칠고 억센 지난 세월/ 강물이 역류하여 솟구치는 나날이었지만/ 당신의 손은 당신을 오늘까지 이끌어 온/ 장한 승리의 손입니다/ 당신을 키워 온 잔주름과 굵어진 뼈마디는/ 이제 서광의 빛으로 찾아와/ 만돌린을 연주하는 신비의 손이/ 더욱 빛나고 자랑스럽습니다/ 인고의 세월이 온몸에 배어/ 사무치는 그리움을 연주하며/ 생을 찬미하고 있습니다' 절망 속에서 일어선 '당신'의 굳건한 삶의 까닭이 만돌린의 아름다운 음률로 접목되고 있다.

'무에 그리 슬픈지/ 바람에 흔들리는 슬픈 몸짓'으로 시작되는 시「억새의 몸짓」은 저 먼 그리움으로 시작된 아픔이다. 무더기로 날리는 그리움의 손짓으로 지나는 사람의 마음을 억새는 흔들고 있다. 주체할 수 없는 억새의 몸부림을 바람이 먼저 알고 이제는 슬픈 일은 없을 거라며 마음을 추슬러야 한다는 위로의 손을 잡고 있다. '흘러간 날들 아득히 멀어져 가고/ 돌아올 날들은 연둣빛 꿈을 싣고 온다'는 바람의 말을 듣고 억새들은 일제히 나부끼며 알았다는 듯이 춤사위를 추는 것이다. 시인의 상상으로 연출된 어떤 그리움으로 몸부림치던 억새와 이를 위무하는 바람의 말은 존재와 존재를 잇는 마음과 마음을 소통하는 아름다운 울림을 제시하고 있다. 너와 내가 하나가 되어 물아일체의 소통이 되는 이상적인 세상을 창조하는 일이다. '흘러간 날들 아득히 멀어져 가고/ 돌아올 날들은 연둣빛 꿈을 싣고 온다'는 새 생명을 꿈꾸는 봄날의 신비를 기대하는 일이다.

| 작품해설 |

언젠가 찾아올 적막을 미리 연습하는 걸까
너는 벌써 적막의 휘장을 치고 있었다
지친 하루가 끝나고 조용히 불이 켜지면
그래도 네가 있어 두런두런 얘기 나누며
다가올 내일을 꿈꾸기도 했는데
언젠가 찾아올 적막을 길들이기 위해
너는 어느 날부터 입을 꾹 다물고
따뜻한 너의 품을 허락해 주지 않았다
오늘도 난 너의 등에 딱 달라붙은 매미가 된 지 오래
차라리 매미처럼 날개를 떨며 울어라도 볼까
이젠 적막 길들이기가 무섭다
언제 현실이 될지 모르는 적막을
미리미리 끌어당길 게 뭐람
 　　　　　　　　　　　－시「적막 길들이기」전문

혼자라도 좋다
마음을 비우고 싶을 때
차 한 잔을 음미하며 고적함을 달랜다
가슴 밑바닥에서 밀려오는 그리움의 파장
찡한 슬픔이 봇물처럼 터진다

솔베이지 송이 아련히 깔리고
지난날의 추억이 오버랩 된다
지금 그들도 희끗희끗한 머리카락 휘날리며
차 한 잔으로 마음을 달래고 있을까

외로움을 차에 타서 음미하며
지난날을 반추하고 있을까
노을이 지는 강변으로 자꾸만
마음은 줄달음친다
강변은 고향처럼 나를 손짓하며 부른다

차가 식는다, 따스한 온기를 채워 찻잔을 기울인다
이젠 짐을 내려놓을 때다
애틋한 마음도 그리움도 다 내려놓고
정갈한 차 한 잔으로 마음을 다스린다
- 시 「차 한 잔을 마시며」 전문

적막은 미세한 소리조차 들리지 않는 깊은 고요의 공간을 말한다. 인적이 사라지고 사방 어둠의 깊이에 침잠되어 있는 상태이다. 시 「적막 길들이기」는 언젠가 찾아올 적막의 피할 수 없는 고독을 미리부터 준비하겠다는 의지를 표명하며 두려워하는 모습이다. 어느 순간 죽음이라는 이 적막의 실체는 예고 없이 다가설 때가 있다. 견디기 어려운 생사의 나눔은 스스로가 선택할 수 없는 절대자의 부름이라는 생각을 하게 된다. 그러나 갑자기 병고가 다가왔을 때 준비하지 않은 상태로 맞이하는 경우에는 두려움이 앞서는 것이다. '언젠가 찾아올 적막을 길들이기 위해/ 너는 어느 날부터 입을 꾹 다물고/ 따뜻한 너의 품을 허락해 주지 않았다/ 오늘도 난 너의 등에 딱 달라붙은 매미가 된 지 오

| 작 품 해 설 |

래/ 차라리 매미처럼 날개를 떨며 울어라도 볼까/ 이젠 적막 길들이기가 무섭다/ 언제 현실이 될지 모르는 적막'이 두려운 것이다. 지난 시간의 어느날 시인은 '너'라고 명명하는 적막을 붙들고 매미처럼 몸을 떨던 시간이 있었다. 건강을 지키지 못할 것이라는 고뇌로 가득했던 때이다. 지금은 시술을 받고 건강이 회복되어 전과 다름없이 활동하고 있다. 적막 길들이기를 확고히 체험한 셈이다.

마음을 비우고 한 잔의 차를 홀로 마실 수 있는 시간은 행복하다. 혼자라서 좋은 것이다. 더하여 아름다운 음악에 취하게 되면 더 이상의 평화가 필요치 않은 것이다. '솔베이지 송이 아련히 깔리고/ 지난날의 추억이 오버랩 된다/ 지금 그들도 희끗희끗한 머리카락 휘날리며/ 차 한 잔으로 마음을 달래고 있을까/ 외로움을 차에 타서 음미하며/ 지난날을 반추하고 있을까/ 노을이 지는 강변으로 자꾸만/ 마음은 줄달음친다/ 강변은 고향처럼 나를 손짓하며 부른'다고 한다. 지난 시간의 반추가 삶의 크기로 다가서는 까닭이다. 시 「차 한 잔을 마시며」는 늘 풍부한 감성으로 계절의 변화를 읽고 감상하는 시인의 모습을 생각하게 한다. '차가 식는다. 따스한 온기를 채워 찻잔을 기울인다/ 정갈한 차 한 잔으로 마음을 다스린다'는 고독한 한 시인의 아름다운 시간을 속으로 스며든다.

바다에 또 왔습니다

박하영 시집

RAINBOW | 113

바다에 또 왔습니다

박하영 시집

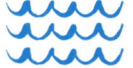